essentials

essentials liefern aktuelles Wissen in konzentrierter Form. Die Essenz dessen, worauf es als „State-of-the-Art" in der gegenwärtigen Fachdiskussion oder in der Praxis ankommt. *essentials* informieren schnell, unkompliziert und verständlich

- als Einführung in ein aktuelles Thema aus Ihrem Fachgebiet
- als Einstieg in ein für Sie noch unbekanntes Themenfeld
- als Einblick, um zum Thema mitreden zu können

Die Bücher in elektronischer und gedruckter Form bringen das Expertenwissen von Springer-Fachautoren kompakt zur Darstellung. Sie sind besonders für die Nutzung als eBook auf Tablet-PCs, eBook-Readern und Smartphones geeignet. *essentials:* Wissensbausteine aus den Wirtschafts-, Sozial- und Geisteswissenschaften, aus Technik und Naturwissenschaften sowie aus Medizin, Psychologie und Gesundheitsberufen. Von renommierten Autoren aller Springer-Verlagsmarken.

Weitere Bände in der Reihe http://www.springer.com/series/13088

Pierre Pfütsch

Notfallsanitäter als neuer Beruf im Rettungsdienst

Ein Überblick über Entwicklungen und Tendenzen

Pierre Pfütsch
Institut für Geschichte der Medizin
Robert Bosch Stiftung
Stuttgart, Deutschland

ISSN 2197-6708 ISSN 2197-6716 (electronic)
essentials
ISBN 978-3-658-30741-7 ISBN 978-3-658-30742-4 (eBook)
https://doi.org/10.1007/978-3-658-30742-4

Die Deutsche Nationalbibliothek verzeichnet diese Publikation in der Deutschen Nationalbibliografie; detaillierte bibliografische Daten sind im Internet über http://dnb.d-nb.de abrufbar.

Planung/Lektorat: Anna Kraetz
Springer ist ein Imprint der eingetragenen Gesellschaft Springer Fachmedien Wiesbaden GmbH und ist ein Teil von Springer Nature.
Die Anschrift der Gesellschaft ist: Abraham-Lincoln-Str. 46, 65189 Wiesbaden, Germany

Was Sie in diesem *essential* finden können

- Hintergründe zum 2014 eingeführten Berufsbild des Notfallsanitäters/der Notfallsanitäterin,
- eine Beschreibung der Berufsentwicklung seit den 1960er Jahren,
- die Rolle verschiedener anderer Akteure bei der Entwicklung des Berufsbildes,
- einen Ausblick auf mit diesem Berufsbild neu aufkommende Entwicklungen und Tendenzen,
- eine Auseinandersetzung mit der Frage nach Delegation und Substitution ärztlicher Leistungen.

Inhaltsverzeichnis

1 Einleitung

Im November 2019 machte der Notfallsanitäter Felix Peter mit einem Youtube-Video auf sich aufmerksam, welches in kürzester Zeit fast eine Million Klicks generierte und es sogar in diverse Fernsehsendungen schaffte. Felix Peter fasste dort in humorvoller Weise und mit einem Augenzwinkern die aktuelle Problematik seines Berufsstandes in Liedform zusammen:

> „Guten Tag, ich heiße Felix Peter und ich bin heute Ihr Notfallsanitäter. Der Notarzt kommt ne halbe Stunde später und bis dahin unterhalten wir uns nett hier am Bett. Ich guck aufs EKG. Es hebt und senkt in PQRS und T – überall. Sehen Sie's mir bitte nach, dass ich Sie mal frag, tut sowas denn überhaupt nicht weh? – Doch total. Tja tut mir leid, vor Ihnen steht Felix Peter – nicht Dr. Schmidt und ich bin nur Notfallsanitäter. Der weiße Engel kommt ne halbe Stunde später und bis dahin unterhalten wir uns nett hier am Bett. Ich ruf die 112, schnell den Notarzt herbei, denn was der darf, das darf ich nicht. Würd' Ihnen die Schmerzen ja gern nehm', da kann ich Sie verstehn'. Doch danach lande ich vor Gericht. Ich hol' den Rettungshocker raus, obwohl so mancher Patient gar nicht krank ist und auch laufen könnt'. Ja so ist der Beruf und was er mit uns macht. Wir Sanitäter kommen gerne bei Tag und auch bei Nacht. Ich bin Krankenwagenblademeister Ja das ist mein Beruf, so heißt er." (Peter 2019)

Nur kurze Zeit später antwortete die Notfallmedizinerin Carola Holzner mit einem ähnlichen Youtube-Beitrag, indem sie sich weitestgehend der Kritik Peters anschloss und diese um die ärztliche Perspektive erweiterte:

> „Guten Tag, lieber Felix Peter, du kompetenter Notfallsanitäter. Ich bin Doc Caro und komm' mal wieder später. Bis dahin sei doch bitte nett am Patientenbett. Denn ist der Zucker derangiert, gib Glukose rationiert; wenn der Patient vor Schmerzen schreit, hältst Du Morphin bereit; ist der Blutdruck opulent, wird mit Ebrantil

P. Pfütsch, *Notfallsanitäter als neuer Beruf im Rettungsdienst,* essentials, https://doi.org/10.1007/978-3-658-30742-4_1

> gesenkt; hat der Patient nen Herzinfarkt, hältst Du Aspisol parat. Denn Du bist ja Notfallsanitäter, Du brauchst mich dafür nicht jetzt und auch nicht später. Denn Du hast das ja gelernt, lieber Felix Peter. Und ich bin als Notarzt jetzt vakant – Gott sei Dank. Denn im Nachbarort da stirbt und wird reanimiert Frau von der Haag, weil ihr Herz versagt. Aber da bin ich jetzt schnell, wie sensationell. Denn da werd' ich gebraucht und das weißt Du auch. Für alles andere gibt es Dich, für lebensbedrohliche Fälle mich. Es könnt so einfach sein, das weiß selbst mein Töchterlein. Die Politik hat's nicht erkannt, vielleicht ja bald der Verstand. Und solange nicht, schreib' ich dieses Lied für Dich, denn Du bist nicht Krankenwagenbelademeister, sondern Notfallsanitäter, ja so heißt das." (Holzner 2019)

Beide Beiträge sprechen mannigfache Problemfelder des Berufs Notfallsanitäter[1] an und machen dabei zugleich deutlich, dass diese in engem Zusammenhang mit einer anderen Berufsgruppe stehen, der der Notfallmediziner. Beide Berufsgruppen arbeiten in Deutschland eng zusammen. Wer darf welche Aufgaben übernehmen? Wie eigenständig darf ein Notfallsanitäter handeln? Wer ist weisungsbefugt? So lässt sich aus den Texten auch auf eine Diskrepanz zwischen Theorie und Praxis schließen: Der theoretisch als Notfallsanitäter ausgebildete Peters fühlt sich in seiner Arbeitspraxis eher als „Krankenwagenbelademeister", also als jemand, der ausschließlich für den Transport zuständig ist. Dies ruft wiederum Unzufriedenheit bei ihm hervor, denn in seiner dreijährigen Ausbildung hat er v. a. medizinische Fertigkeiten erlangt. Die Notärztin Carola Holzner beschreibt in ihrem Lied die Situation, wie sie eigentlich sein sollte: Der Notfallsanitäter kümmert sich um viele Einsätze allein und schafft damit Freiräume für die Notfallmediziner, die sich dadurch um lebensbedrohliche Fälle kümmern können. Denn ein Großteil der Einsatzfahrten ist nicht lebensbedrohlich. Im Jahr 2016/2017 wurden 52,5 % des Einsatzaufkommens als Notfälle eingestuft (Schmiedel 2019, S. 3). Doch mit der Zeile: „Die Politik hat's nicht erkannt, vielleicht ja bald der Verstand." deutet sie an, dass das eben nicht der Fall ist. Noch sind die Aufgaben nicht klar verteilt. Mit Inkrafttreten des Notfallsanitätergesetzes (NotSanG) im Jahr 2014 wurde die Ausbildung des nichtärztlichen Rettungsdienstpersonals signifikant verbessert. Doch trotzdem wurden ihre Kompetenzen rechtlich kaum überdacht und erweitert. Carola Holzner prangert hierfür zwar die Politik an, doch die Akteurs- und Gemengelage, die zu dieser Situation geführt hat, ist komplexer und differenzierter.

[1]Zur besseren Lesbarkeit wird im Folgenden das generische Maskulinum verwendet. Es sind aber ausdrücklich beide Geschlechter gemeint.

Um die gegenwärtige Diskussion, die in diesen Internetvideos gipfelte, verstehen zu können, ist es sinnvoll, einen Blick in die Geschichte zu werfen. Noch bis in die 1960er Jahre bestand das nichtärztliche Rettungsdienstpersonal zum großen Teil aus ehrenamtlichen Mitarbeitern, die nur kurze Lehrgänge in Erste Hilfe und medizinischen Themen erhalten hatten. In den 1970er Jahren setzte dann eine Verberuflichung ein, die dazu führte, dass immer mehr hauptamtliches Personal eingestellt wurde. Ein Jahrzehnt später begannen dann langhaltende Diskussionen über die Frage, welche Aufgaben das nichtärztliche Personal übernehmen sollte und welche nicht. Die Bundesärztekammer (BÄK) kristallisierte sich in diesen Diskussionen als wichtigste Gegenstimme zu den Rettungssanitätern heraus. Mit Verabschiedung des Rettungsassistentengesetzes (RettAssG) im Jahr 1989 schienen die offenen Fragen zunächst geklärt, doch in den 2000er Jahren brach die Diskussion aufgrund veränderter gesellschaftlicher Rahmenbedingen erneut auf und spitzte sich in den Auseinandersetzungen um das Notfallsanitätergesetz zu.

Im Folgenden soll diese verstrickte Entwicklung nachgezeichnet, die handelnden Akteure vorgestellt und mögliche Konsequenzen der aktuellen Entwicklung kritisch kommentiert werden.

2 Der Rettungsdienst zu Beginn der Bundesrepublik

Der Rettungsdienst als eine staatliche bzw. zivilgesellschaftliche Institution ist eine Idee aus der zweiten Hälfte des 20. Jahrhunderts, hat seinen Ursprung aber bereits in früheren Zeiten und hier in erster Linie beim Sanitätsdienst im Militär. Sanitäter hatten die Aufgabe, Verwundete schnellstmöglich von den Schlachtfeldern zu bringen und eine Erstversorgung vorzunehmen. Kaiser Maximilian I. gründete um 1500 ein Heeressanitätswesen, welches Verwundete bereits während des Kampfes abtransportieren und behandeln sollte (Sefrin 2004, S. A215). Das setzte sich aber nicht überall durch. Im Jahr 1859 wurde der Schweizer Geschäftsmann Henry Dunant während einer Reise nach Italien Zeuge der Schlacht von Solferino zwischen Österreich und Frankreich. Besonders schockierten ihn die Zustände der Verwundeten. Sie lagen teilweise noch Tage später auf den Schlachtfeldern und niemand kümmerte sich um sie. Daraufhin organisierte er einige Helfer und begann mit einer notdürftigen Rettung der verwundeten Soldaten (Riesenberger 2002, S. 28). Einige Zeit später, 1863, gründete Dunant in Genf das internationale Komitee der Hilfsgesellschaften für die Verwundetenpflege, den Vorläufer des Internationalen Komitees des Roten Kreuzes (Riesenberger 2002, S. 29). Auch die Genfer Konventionen gehen auf dieses Ereignis zurück. Damit entstand ein wichtiger Akteur in Fragen des Rettungswesens.

Jedoch galten diese Entwicklungen zunächst nur für den Krieg und nicht für das zivile Leben. Kam es im 19. Jahrhundert zu einem medizinischen Notfall, musste der Patient allein dafür Sorge tragen, so schnell wie möglich zu einem Arzt (oder einer anderen Heilperson) gebracht zu werden. Im Zuge der Industrialisierung kam es in größeren Städten vereinzelt zur Einrichtung kommunaler Rettungsnetzwerke, die zumindest eine rudimentäre Rettung gewährleisten sollten. Zu den bekanntesten Beispielen zählen die Arbeitervereine, die

P. Pfütsch, *Notfallsanitäter als neuer Beruf im Rettungsdienst*, essentials,
https://doi.org/10.1007/978-3-658-30742-4_2

sich 1888 zum Arbeiter-Samariter-Bund zusammenschlossen (Müller 1988, S. 14). Sie wurden nach dem Vorbild der St. John Ambulances Association in London gegründet (Sefrin 2004, S. A216). Allerdings ging es dabei immer nur um den Transport des Patienten zu einem Arzt und nicht um eine etwaige medizinische Notversorgung. Dazu sollten noch einige Jahre vergehen. Modern gesprochen war „Load-and-Go" die Rettungsphilosophie dieser Zeit.

Im Zuge der Machtübernahme der Nationalsozialisten und ihrer Zentralisierungsidee wurden solche lokalen Initiativen weitgehend unterdrückt. Der Arbeiter-Samariter-Bund wurde direkt 1933 verboten (Burfeind et al. 2019, S. 86). Das Deutsche Rote Kreuz wurde gleichgeschaltet und zur nationalen Hilfsorganisation aufgewertet. Ab dem Jahr 1943 sollte das DRK das Rettungswesen im gesamten Deutschen Reich übernehmen und einheitlich gestalten (Riesenberger 2002, S. 340). Doch dies konnte aufgrund der baldigen Kriegsniederlage nur in Ansätzen erfolgen. Ein Ausbau des Rettungsdienstes fand also nicht statt.

Nach dem Zweiten Weltkrieg wurde die Massenorganisation DRK weitgehend zerschlagen und jede Besatzungsmacht ging anders mit ihm um. In der sowjetischen Besatzungszone wurde das DRK zunächst komplett verboten, bevor es als DRK der DDR eine Neugründung erfuhr. Auch in der französischen Besatzungszone wurde das DRK verboten. Die Briten und Amerikaner wollten hingegen das DRK entnazifizieren und in dezentralen Strukturen neu aufbauen und auch für den Rettungsdienst zulassen. Allerdings sollte es nicht wieder die starke Stellung aus NS-Zeiten erhalten, daher wurde auch anderen Organisationen und Unternehmen die Durchführung des Rettungswesens erlaubt. Nach der Gründung der BRD ging die Zuständigkeit für das Rettungswesen auf die Bundesländer über, sodass eine weitere Dezentralisierung stattfand. In den 1950er Jahren sollten sich im süddeutschen Raum neben dem DRK der ASB und die beiden kirchlichen Hilfsdienste Johanniter-Unfallhilfe (JUH) und Malteser Hilfsdienst (MHD) als wichtigste Hilfsorganisationen im Rettungsdienst etablieren. Im norddeutschen Raum wurde der Rettungsdienst oftmals von den Berufsfeuerwehren übernommen.

Einsetzen der Professionalisierung 3

3.1 Erosion des bisherigen Systems

So etablierte sich in der Bundesrepublik in den 1950er Jahren zunehmend ein System, welches an die Weimarer Zeit angelehnt war. Auf lokaler Ebene wurde der Rettungsdienst den jeweiligen Gegebenheiten angepasst und konnte dadurch stark differieren. Trotz aller Unterschiede gab es aber auch Gemeinsamkeiten. Weiterhin war der Rettungsdienst allen voran ein Krankentransport. Ziel war es, einen Patienten schnellstmöglich zu einem Arzt zu bringen. Daher wurden in den 1950er Jahren zunächst Strukturen des Rettungsdienstes und Optimierungen des Transportes diskutiert. In der DDR wurde der Krankentransport zentralisiert und vom DRK der DDR in Zusammenarbeit mit dem Gesundheitswesen der DDR durchgeführt.[1]

Lange Jahre gab es an dieser Situation keine grundsätzliche Kritik, das änderte sich erst in den 1960er Jahren und ist allen voran auf gesellschaftliche und medizinische Veränderungen zurückzuführen. Was die Industrialisierung zur Jahrhundertwende für die Etablierung des Rettungsdienstes bedeutete, kann mit der Automobilisierung der bundesdeutschen Bevölkerung in den 1960er Jahren und deren Auswirkungen auf den Rettungsdienst verglichen werden. Der rasante Anstieg des Automobilverkehrs führte auch zu einem ähnlich starken Anstieg der Unfallzahlen im Straßenverkehr. Noch im Jahr 1953 verunglückten ca. 345.000 Menschen in der BRD im Straßenverkehr. Im Jahr 1960 waren es bereits 518.000

[1]Genaueres zum Krankentransport in der DDR vgl. Pfütsch (2020).

P. Pfütsch, *Notfallsanitäter als neuer Beruf im Rettungsdienst*, essentials, https://doi.org/10.1007/978-3-658-30742-4_3

und zehn Jahre später knapp 600.00 verunglückte Personen (Statistisches Bundesamt 2019, S. 20). Da die damaligen Sicherheitsvorkehrungen sowohl in den Autos (keine Sicherheitsgurte, keine Airbags) als auch auf den Straßen (noch keine Leitplanken) sehr begrenzt waren, führten auch kleinere Unfälle zu größeren Verletzungen. Dies brachte das damalige Rettungssystem schnell an seine Grenzen.

In der Medizin herrschte bis in die 1960er Jahre hinein eine positive Grundstimmung. Fast monatlich wurden neue Behandlungserfolge vermeldet, die Medizintechnik erfuhr eine immer schnellere Weiterentwicklung und auch die wissenschaftliche Grundlagenforschung blühte weiterhin auf. Es schien, als würde diese auf Machbarkeitsversprechen angelegte Zeit nie zu Ende zu gehen. Dieser Fortschritt hatte auch Konsequenzen für den Rettungsdienst. Die Notfallmedizin entwickelte sich immer mehr zu einem eigenständigen medizinischen Fachgebiet, welches auf Chirurgie, Innerer Medizin und Anästhesie aufbaute.[2] In diesem Bereich gab es immer mehr spezifische Fortschritte. Der Medizinhistoriker Nils Kessel beschreibt dies folgendermaßen:

> „Aus den medizinischen Erfahrungen des Zweiten Weltkriegs war zu Anfang der fünfziger Jahre die Schocktherapie mit Infusionen und Bluttransfusion entwickelt worden. Damit war es möglich den Volumenmangelschock, der nach großem Blutverlust auftrat, im Frühstadium zu bekämpfen. [...] Ende der fünfziger Jahre folgten neue Erkenntnisse über die Pathophysiologie beim plötzlichen Tod. Diese Erkenntnisse gingen einher mit der Wiederentdeckung älterer Wiederbelebungstechniken, deren Nutzen jetzt durch wissenschaftliche Untersuchungen belegt wurde: Die Atemspende und die äußere Herzdruckmassage setzten sich damit als Erstmaßnahmen beim Kreislaufstillstand durch." (Kessel 2008, S. 63)

Der Medizin standen damit im Notfall Möglichkeiten offen, die ihr noch einige Zeit davor verwehrt waren.

Ein konkreter Fall versinnbildlichte all diese Entwicklungen und legte auch die Probleme offen: Im Jahr 1969 wurde im schwäbischen Winnenden ein achtjähriger Junge auf seinem Nachhauseweg vom Schwimmbad von einem Auto angefahren. Seine Verletzungen waren eigentlich nicht lebensbedrohlich und bei rechtzeitiger Hilfe hätte das Kind wohl überlebt. Doch, obwohl sowohl die Polizei als auch die Rettungskräfte zeitnah mehrmals alarmiert wurden, dauerte es über eine Stunde, bis der Rettungsdienst am Unfallort eintraf. Björn Steiger,

[2] 1977 wurde in Frankfurt die Deutsche Interdisziplinäre Vereinigung für Intensiv- und Notfallmedizin (DIVI) gegründet, um die Ärzteschaft in künftigen Fragen der Notfallmedizin geschlossener vertreten zu können (Lawin und Opderbecke 1999, S. 560).

so der Name des Kindes, verstarb im Rettungswagen auf dem Weg ins Krankenhaus an einem Schock. Björn Steigers tragischer Tod wäre wohl ein Lokalereignis geblieben, hätten seine Eltern nicht die Medien mobilisiert und kurze Zeit später die nach ihrem verstorbenen Sohn benannte Björn-Steiger-Stiftung gegründet. Sie machte es sich zur Aufgabe, durch nicht staatliche Impulse den Rettungsdienst in der Bundesrepublik zu verbessern. Zu ihren ersten erfolgreichen Projekten gehörten die Etablierung einer bundeseinheitlichen Notrufnummer sowie das Aufstellen von Notrufsäulen am Straßenrand (Dahlkamp und Ludwig 1999, S. 58).

Insbesondere die medizinischen Entwicklungen und das späte Eintreffen der Rettungskräfte im Falle Björn Steigers machten jedoch eines deutlich: Die Zeit war in der Notfallmedizin der entscheidende Faktor, der über Leben und Tod entscheiden konnte. Zwar konnte man versuchen, durch einen schnellen Transport des Patienten die Zeit zwischen Unfall bzw. Krankheitsauftritt bis zur medizinischen Hilfe weiter zu verringern, doch stieß man hier schnell an natürliche Grenzen. Daher setzten in den notfallmedizinischen Fachdiskussionen Debatten über die Behandlung von Kranken bzw. Verletzten direkt am Unfallort ein. Das war keineswegs neu. Bereits auf dem ersten internationalen Kongress für Rettungswesen 1908 in Frankfurt äußerte der Leipziger Arzt und Vorstand der Rettungsgesellschaft zu Leipzig Paul Streffer, der später auch Vorsitzender des Hartmannbundes werden sollte, Gedanken zu ärztlichen Einsätzen im Rettungsdienst (Jantzen et al. 2008, S. 571). Und auch der in der Geschichte der Notfallmedizin bekannte Vortrag von Martin Kirschner auf der 62. Tagung der Deutschen Gesellschaft für Chirurgie 1938 in Berlin hatte ähnlichen Inhalt und wird sogar von einigen Autoren als „Initialzündung für ein arztgestütztes Rettungssystem gewertet" (Jantzen et al. 2008, S. 571). Doch es blieb lange Zeit eine rein theoretische Idee, da die wenigsten Ärzte bereit waren, zum Patienten zu kommen. Vielmehr waren sie es gewohnt, dass die Patienten zu ihnen kamen. Das Umdenken fand nur langsam statt. In Köln stattete man 1957 den ersten Notarztwagen aus und etwa zur gleichen Zeit begann in Heidelberg die Erprobung des „Clinomobils". Dies war ein umgebauter Omnibus, der einen gesamten Operationssaal beherbergte. Hier sollten Patienten im Notfall direkt am Unfallort operiert werden können (Abb. 3.1).

Das waren erste Versuche, die Notfallmedizin auf die Straße zu verlagern. Anfänglich gab es noch Schwierigkeiten und Widerstände. Noch 1958 hielt bspw. der Hamburger Chirurg Werner Ewerwahn „das Anlegen von Infusionen auf der Straße nicht für angezeigt und forderte vehement deshalb von weiteren Bemühungen in dieser Richtung abzusehen." (Sefrin 2004, S. A217) Doch trotzdem setzte sich im großen Teil der Ärzteschaft die Einsicht durch, dass

Abb. 3.1 Clinomobil, mobiler Operationswagen der Chirurgischen Universitätsklinik Heidelberg, 1957. BArch B 145 Bild-F004445-0001

der Rettungsdienst von einer Behandlung am Unfallort nur profitieren könne. Daher kam es allmählich zu einer Reorganisation des Rettungsdienstes durch die Medizin bzw. zu einer „Verärztlichung des Rettungsdienstes" (Kessel 2008, S. 74). Damit wurde letzten Endes der Rettungsdienst von einer zivilgesellschaftlichen zu einer medizinischen Aufgabe umgedeutet (Pfütsch 2019a, S. 63) und die Ärzteschaft erhielt zunehmend die Deutungsmacht über dieses Feld.

3.2 Auf dem Weg zum Berufsgesetz

Man war sich nun weitgehend einig, dass eine schnelle medizinische Behandlung den Patienten nur Vorteile bot. Bis dahin galten noch die „Grundsätze für die Ordnung des Rettungs- und Krankentransportwesens" von 1912 (Braunschmidt 2019, S. 76). In der Notfallmedizin spricht man von einem Übergang der Rettungsphilosophie vom „Load-and-Go"-Prinzip zum „Stay-and-Play"-

Prinzip (Nößler 2012). Doch schnell wurde auch klar, dass zwar medizinische Behandlung am Unfallort in der Theorie gut klang, aber in der Praxis kaum umzusetzen war. Dafür gab es viel zu wenige Ärzte und ein flächendeckender Einsatz hätte zu einer wahren Kostenexplosion geführt, sodass der Rettungsdienst nicht mehr finanzierbar gewesen wäre.[3] Daher erinnerte man sich an die Rettungssanitäter und damit an das Personal, welches den Rettungsdienst bis dato zum großen Teil allein durchgeführt hatte. Sie sollten, wenn möglich, von nun an Teile der medizinischen Behandlung übernehmen. Dabei gab es aber zwei Probleme: Die Rettungssanitäter arbeiteten zum ganz überwiegenden Teil ehrenamtlich und konnten daher nur schwer in professionelle Berufsstrukturen eingebunden werden und zum anderen fehlte ihnen eine entsprechende Ausbildung bzw. Qualifikation. Zwar war die Einarbeitung der ehrenamtlichen Rettungssanitäter von Bundesland zu Bundesland und auch hier noch von Hilfsorganisation zu Hilfsorganisation ganz unterschiedlich, doch zum großen Teil bestand sie lediglich aus Kurzlehrgängen. In der Regel erhielten sie einen Erste-Hilfe-Kurs von acht Doppelstunden und darauf aufbauend einen Weiterbildungskurs von zwölf Doppelstunden. „Die Sanitäter besaßen also medizinische Kenntnisse, die innerhalb von zwei Wochen erworben werden konnten." (Pfütsch 2018, S. 357) Das reichte für eine adäquate medizinische Behandlung von Notfallpatienten bei Weitem nicht aus. Hinzu kam, dass die Medizin, wie oben bereits angedeutet, in den 1960er Jahren extrem vorangeschritten war und daher eine schnelle Einarbeitung für medizinische Laien de facto unmöglich war. Daher wurden schnell Stimmen laut, die eine Weiterentwicklung des Berufes forderten, wobei „Weiterentwicklung" bereits zu weit gegriffen ist, denn zunächst ging es erst einmal nur um die Schaffung eines Berufes. Zunächst mussten aber erst einmal die rechtlichen Zuständigkeiten geklärt werden. „Das Sozialgesetzbuch des Bundes regelt zwar die ‚Krankenbehandlung' in Paragraf 27 Abs. 1 SGB V, worin der Krankentransport nur als Transporteinheit kein eigenständiger Teil des Gesundheitssystems ist, der Rettungsdienst fällt aber ebenfalls als Teil der inneren Sicherheit, ‚Gefahrenabwehr', unter das Grundgesetz – Art. 30, 70 ff. GG – und ist Ländersache." (Braunschmidt 2019, S. 76)

Der Bund-/Länder-Ausschuss „Erstversorgung von Unfallverletzten", der 1964 in Bonn erstmals zusammentrat (Wagner 2013, S. 58), legte 1968 erste Überlegungen zu einem Berufsbild für nichtärztliche Mitarbeiter im Rettungsdienst vor. Er schlug die Schaffung des Berufs „Transportsanitäter" vor. Bereits aus

[3]In der DDR, in der nicht die Finanzierung im Mittelpunkt stand, wurde der Rettungsdienst hingegen immer mit Ärzten durchgeführt (Pfütsch 2020, S. 170).

dem Namen sollte hervorgehen, dass der Transport weiterhin wichtig war. Dies verdeutlich ebenfalls ein Vermerk über die 4. gesundheitspolitische Tagung des Landes Schleswig-Holstein am 15. März 1968: „Die Anwesenden waren sich einig, daß die Ausbildung von Transportsanitätern im Rahmen des Unfalldienstes und des Krankentransportes dringend erforderlich ist, da nicht selten durch die Unkenntnis der z. Zt. tätigen Krankenwagenfahrer und Beifahrer noch Transportschädigungen bei den Verletzten und plötzlich Erkrankten auftreten." (ohne Autor 1968) Es war eine Ausbildung von 410 h vorgesehen, wovon 188 h für den theoretischen Unterricht reserviert waren (Kessel 2008, S. 80). Obwohl in der Anlage das Konzept schlüssig war, konnte es sich dennoch nicht durchsetzen. Es gab zu dieser Zeit keinerlei Strukturen für solche Ausbildungen und niemand war bereit, die Ausbildung zu finanzieren. So verschwand der Vorschlag schnell wieder in der Schublade. Und im Ministerium wurde die Ausbildungsdauer, angesichts der Verantwortung und der Aufgaben des Transportsanitäters, als zu kurz angesehen.[4] Hier deutete sich bereits an, die unterschiedlich die Vorstellungen der beteiligten Akteure in den nächsten Jahren sein würde.

Der Rettungsdienst rückte mehr und mehr in den Fokus der Öffentlichkeit. Der Bund-Länder-Ausschuss „Erstversorgung von Unfallverletzten" weitete daher seine Zuständigkeit aus und nannte sich ab 1970 Bund-/Länder-Ausschuss „Rettungswesen". Auch wurde eine „Ständige Konferenz ‚Rettungswesen'" eingerichtet (Pfütsch 2018, S. 359). Sie unterschied sich vom Bund-/Länder-Ausschuss dadurch, dass auch Vertreter der Hilfsorganisationen zu ihren Mitgliedern zählten. Neben dem DRK und dem ASB gehörten die Johanniter Unfallhilfe (JUH) und der Malteser Hilfsdienst (MHD) dazu. Die Ständige Kommission erarbeitete eine Prüfungsordnung für ein mögliches Berufsbild des Rettungssanitäters. Seit dem Rettungskongress des DRK im Jahr 1970 sprach man nicht mehr über das neue Berufsbild vom „Transportsanitäter", sondern vom „Rettungssanitäter" und brachte damit die geänderten Vorstellungen und Anforderungen an diesen Beruf auch

[4]Vgl. So heißt es in einem internen Schreiben des Referats 1 B 2 an das Referat 1 B 7 vom 26. Juni 1960: „Angesichts der Aufgaben des Transportsanitäters fällt es mir schwer, einer Ausbildung von einem Jahr Dauer zuzustimmen. Wie bereits in unserem Schreiben an den Innenminister des Landes Schleswig-Holstein dargelegt, ist die Verantwortung des Transportsanitäters in vielen Fällen größer als die der Krankenschwester und des Krankenpflegers. Die Anforderungen an selbständiges Handeln sind ebenfalls größer als bei den Krankenpflegeberufen, wo das Pflegepersonal doch nicht so völlig auf sich gestellt ist wie es der Transportsanitäter sein kann. Die Tätigkeiten selbst gehören zu den schwierigeren Tätigkeiten von Heilhilfsberufen und greifen oftmals in den Bereich der Tätigkeit der Heilberufe." (ohne Autor 1960).

sprachlich zum Ausdruck. Nicht mehr der Transport von Notfallpatienten stand jetzt im Vordergrund, sondern die aktive Tätigkeit bei der Aufrechterhaltung der Vitalfunktionen (ohne Autor 1972). Die Prüfungsordnung sah eine zweijährige Ausbildung vor. Die Bundesregierung stellte die Prüfungsordnung 1973 dem Bundesrat zu. Dieser lehnte sie jedoch wieder aus finanziellen Bedenken ab (Pfütsch 2018, S. 359).

Zwar stagnierte die Entwicklung zu Beginn der 1970er Jahre auf der Bundesebene, doch im Lokalen wurden längst andere Formen der Ausbildung erprobt. Und das war auch nötig, denn während das bundeseinheitliche Berufsbild auf sich warten ließ, wurde auf anderen Ebenen bereits Fakten geschaffen. Die Bundesländer, die für die Durchführung des Rettungsdienstes zuständig sind, erließen nach und nach Rettungsdienstgesetze. 1974 traten bspw. das Bayerische Gesetz über den Rettungsdienst und das erste rheinland-pfälzische Rettungsdienstgesetz in Kraft. Und diese legten in vielen Fällen fest, wie der Rettungsdienst zu organisieren sein sollte. Dadurch etablierte sich auch das sog. Rendezvous-System. Das bedeutet, dass Rettungssanitäter und Notarzt getrennt zum Unfallort anreisen sollten. Leichtere Fälle sollten gänzlich ohne Notarzt durchgeführt werden. Dafür war eine bessere Ausbildung unerlässlich. In Ulm wurden bereits 1972 Lehrgänge für Rettungssanitäter, Soldaten der Bundeswehr oder auch Mitarbeiter des Bundesgrenzschutzes angeboten. Auch die Landessanitätsschule des DRK Baden-Württemberg in Pfalzgrafenweiler bot einheitliche Lehrgänge an (Güttler 1978, S. 13). Und auch der Malteser Hilfsdienst in Bremen verbesserte die Ausbildung seiner Rettungssanitäter. So mussten diese nach Absolvieren des Erste-Hilfe-Lehrganges und des obligatorischen Aufbaulehrganges für Helfer im Sanitätsdienst einen Sonderlehrgang für Rettungssanitäter, ein klinisches Praktikum von zwei Wochen in einer Unfallambulanz bzw. einer Wachstation und ein 14-tägiges Praktikum auf einer Rettungswache absolvieren (ohne Autor 1974). Zwar kann man das nicht mit einer zweijährigen anerkannten Ausbildung gleichsetzen, doch zeigt es, dass die Probleme im Rettungswesen zwischenzeitlich so groß geworden waren, dass etwas geschehen musste.

Doch obwohl die Hilfsorganisationen auch für eine Verbesserung der Ausbildung waren, sahen sie die Schaffung eines bundeseinheitlichen Berufsbildes durchaus mit Skepsis. Sie argumentierten, dass lediglich 30 % aller Einsätze wirkliche Rettungseinsätze wären und der Rest aus Krankentransporten bestünde, für die medizinisch qualifiziertes Personal gar nicht notwendig sei (Kessel 2008, S. 103). Grund für diese zurückhaltende Einstellung der Hilfsorganisationen war ihre Befürchtung hinsichtlich des Ehrenamtes. Der Rettungsdienst wurde immer noch zum großen Teil durch ehrenamtliche Mitarbeiter getragen. Beim Arbeiter-Samariter-Bund arbeiteten im Jahr 1971 96 % der im Rettungsdienst tätigen Personen ehrenamtlich und beim Deutschen Roten Kreuz 80 % (Hahn 1994, S. 45). Die geringe Anzahl von hauptamtlichen Angestellten bedeutete natürlich sehr geringe Personalkosten. Die Schaffung eines Berufes „Rettungssanitäter" mit einer langandauernden Ausbildung hätte aus den Augen der Hilfsorganisationen die ehrenamtliche Ausübung der Tätigkeit unmöglich gemacht und damit die Einstellung von massenweise hauptberuflichen Mitarbeitern nötig gemacht. Das wiederum hätte die Personalkosten massiv in die Höhe getrieben. Die Ausübung des Ehrenamts sollte noch viele Jahre das entscheidende Argument von Professionalisierungskritikern bleiben und wurde bei jeder Debatte über das Berufsbild immer wieder ins Feld geführt. Weiterer Widerstand kam von den Berufsfeuerwehren, die bspw. in Hamburg den Rettungsdienst koordinierten. Sie vertraten die Meinung, dass eine mehrjährige Ausbildung zum Rettungssanitäter nicht mit der Ausbildung zum Feuerwehrmann vereinbar war (Braunschmidt 2019, S. 147).

Die Fronten verhärteten sich und an eine Durchsetzung eines Berufsbildes war auch Mitte der 1970er Jahre nicht zu denken. Da der Bund-/Länder-Ausschuss „Rettungswesen" sich mit dieser unbefriedigenden Situation nicht zufriedengeben wollte, versuchte er, zumindest einen Kompromiss zu finden. Er erarbeitete die „Grundsätze für die Ausbildung von Rettungssanitätern". Ziel war es, dass sich alle Beteiligten auf diese einigten und so eine gewisse Vereinheitlichung der Ausbildung verwirklicht werden konnte. Grundlage sollte zunächst eine Ausbildung von 1200 h sein. Die Hilfsorganisationen waren jedoch damit nicht einverstanden und verhandelten noch bis ins Jahr 1977. Man einigte sich schließlich auf min. 520 h Ausbildungszeit, wovon 160 h für den theoretischen Unterricht, 160 h für ein Praktikum in einer Klinik, 160 h für ein Praktikum auf einer Rettungswache und 40 h für einen Abschlusslehrgang inklusive Prüfung vorgesehen waren (Pfütsch 2018, S. 361). Keine Seite war mit diesem Kompromiss wirklich zufrieden: Die ehrenamtlichen Mitarbeiter empfanden die Ausbildungsdauer zu lang für ein Ehrenamt, den Ärzten ging die Ausbildung aufgrund benötigter Qualifikationen nicht weit genug, die hauptberuflichen Rettungssanitäter forderten weiterhin ein anerkanntes Berufsbild und die Hilfsorganisationen ächzten über die hohen Kosten. Trotz aller Kritik ist diese Kompromisslösung, zumindest als eine mögliche Ausbildungsform – auch über vierzig Jahre später bis heute in Kraft. Das zeigt, wie unterschiedlich die Interessen und wie verhärtet die Fronten waren.

Neben den Hilfsorganisationen, der Ärzteschaft, der Politik und den ehrenamtlichen Mitarbeitern erwuchs Anfang der 1970er Jahre mit den hauptamtlichen Rettungssanitätern eine weitere Akteursgruppe innerhalb der Auseinandersetzung um den Rettungsdienst in der Bundesrepublik. Zwar war ihr Anteil an der

Gesamtzahl der Rettungssanitäter noch recht gering, doch verstanden sie es, ihre Interessen lautstark zu vertreten. Im Jahr 1978 gründeten die beiden Rettungssanitäter Ludger Kossendey und Ludwig Stumpf die Zeitschrift „Der Rettungssanitäter“ und schufen damit ein erstes Publikationsorgan für das nichtärztliche Personal im Rettungsdienst. Um die Reichweite zu vergrößern, wurde die Zeitschrift 1985 in „Rettungsdienst“ umbenannt. Der wichtigste Schritt hin zu einer Professionalisierung der nichtärztlichen Rettungsdienstmitarbeiter war aber wohl 1979 die Gründung eines eigenen Berufsverbandes, nämlich des Berufsverbandes der Rettungssanitäter e. V. (BVRS). Aus Sicht der Gründer des Berufsverbandes war dieser nötig geworden, da die Gewerkschaften ÖTV (Gewerkschaft Öffentlicher Dienst, Transport und Verkehr) und DAG (Deutsche Angestelltengewerkschaft) nicht genug für die Interessen der Rettungssanitäter taten. Von nun an versuchte der Berufsverband, sich auf politischer Ebene Gehör zu verschaffen. Noch im gleichen Jahr initiierte der BVRS den ersten „Bundeskongreß für Rettungssanitäter“ in Dormagen. Und nur ein Jahr später wurde von Bodo Gorgaß und Friedrich Wilhelm Ahnefeld im Springer Verlag das erste Lehrbuch für Rettungssanitäter herausgegeben, was der Professionalisierung weiteren Auftrieb gab.

Mit dem Eintritt des Berufsverbandes der Rettungssanitäter in die Aushandlungsarena änderten sich in den 1980er Jahren allmählich auch die Inhalte der Diskussionen um ein mögliches Berufsbild der Rettungssanitäter. Die Frage nach der Integration des ehrenamtlichen Personals rückte immer mehr in den Hintergrund, auch wenn sie nie ganz verschwand. Das lag in erster Linie daran, dass bedingt durch die weitere Entwicklung der Medizin und des Ausbaus des Rettungsdiensts sukzessive immer mehr hauptamtliches Personal notwendig wurde. Allein mit ehrenamtlichen Helfern war der Rettungsdienst längst nicht mehr zu stemmen. Daher verschoben sich allmählich auch die Machtverhältnisse innerhalb der Rettungsdienstmitarbeiter zugunsten der hauptberuflich Tätigen.

In den Mittelpunkt rückte jetzt die Frage nach den Ausbildungsinhalten. Auf dem ersten vom BVRS organisierten Kongress für Rettungssanitäter in Dormagen 1980 wurde eine Resolution verabschiedet, die besagte, dass auf ein Berufsbild hingewirkt werden solle, bei dem darauf geachtet wird, „daß eine ausreichende Ausbildung (mindestens zwei Jahre) garantiert wird, die sich an der Aufgabenstellung der Rettungssanitäters orientiert, also an der selbstständigen und assistierenden Tätigkeit[.]“ (BVRS 1980) Eine Studie aus dem Jahr 1982 zeigte, dass die Durchführung bestimmter heilkundlicher Maßnahmen durch Rettungssanitäter längst zur gängigen Praxis geworden war:

> „Liegt ein größerer zeitlicher Abstand zwischen dem Eintreffen des Rettungssanitäters und dem des Notarztes am Notfallort, so ergreifen die Rettungssanitäter mit wachsender Zeitspanne in zunehmendem Umfang Maßnahmen, die grundsätzlich von Ärzten wahrgenommen werden sollen, wie Intubation, Infusion und Medikamentengabe. Besteht keine Möglichkeit, einen Notarzt zu rufen, so ist bereits von vorneherein in verstärktem Maße die Anwendung der genannten in erster Linie ärztlichen Tätigkeit durch die Rettungssanitäter zu verzeichnen. Der relativ hohe Anteil an selbstständiger Medikamentenapplikation durch die Rettungssanitäter muß dabei zumindest als problematisch angesehen werden." (Unterkofler 1982, S. 154)

Angefeuert wurde diese Diskussion u. a. auch durch neue Möglichkeiten der Frühdefibrillation, die in den USA erfolgreich angewandt wurde. Im August 1984 berichtete das Deutsche Ärzteblatt über eine Studie aus den USA, in der die Durchführung der Frühdefibrillation durch nichtärztliche Rettungskräfte untersucht wurde. Nach der Schilderung des Studiendesigns hieß es zum Ergebnis: „In der experimentellen Gruppe wurden signifikant mehr Patienten lebend aus dem Krankenhaus entlassen als in der Kontrollgruppe. Da sich die Patientenkollektive in den wichtigen Faktoren nicht unterschieden, konnte die höhere Überlebensrate nur auf die frühe Defibrillation zurückgeführt werden." (shl 1984, S. A-2430) Damit wurde sich auch von ärztlicher Seite eingestanden, dass nichtärztliches Personal durchaus auch bestimmte heilkundliche Maßnahmen erfolgreich durchführen konnte. Doch noch im gleichen Artikel ruderte man zurück: „Die weitere Auswertung der Untersuchungsergebnisse zeigte jedoch, daß ein bestimmter Rettungssanitäter *theoretisch* nur alle 7 Jahre in die Situation kommt, in der er eine Defibrillation vornehmen muß. Der Grund dafür ist einerseits die hohe Anzahl der freiwilligen Sanitäter und andererseits die Seltenheit des Herzstillstandes." (shl 1984, S. A-2430) Die Frühdefibrillation war aber nur ein Beispiel von vielen. Auch das Anlegen von Infusionen oder Intubieren gehörten zu den fraglichen ärztlichen Aufgaben. Wie skurril die Lage zwischenzeitlich war, zeigt eine Strafanzeige des BVRS gegen Dr. med. Hans Schiller. Das war der verantwortliche Arzt im Rettungsdienst des Kreisverbandes Stuttgart des Deutschen Roten Kreuzes. Am 31. Oktober 1980 erließ Dr. Schiller an alle Mitarbeiter des Rettungsdienstes im Kreisverband Stuttgart eine Dienstanweisung, die es Rettungssanitätern verbot, ohne Genehmigung oder direkte Anweisung des Notarztes Kanülen zu legen und Infusionen zu verabreichen. Am 4. Juli 1983 kam es in Stuttgart zu einem Verkehrsunfall. An der Unfallstelle trafen zuerst die Rettungssanitäter Martini und Sanwald ein. Sie fanden einen bewusstlosen Patienten mit niedrigem Blutdruck vor. Der Rettungssanitäter Martini legte einen periphervenösen Zugang und bereitete eine Infusion vor, die dann aber nicht infundiert werden musste, da sich der Zustand des Patienten besserte. Da eine Infusion gelegt wurde, obwohl es die Dienstanweisung verbot, sprach Dr. Schiller dem Rettungssanitäter Martini im Nachhinein eine arbeitsrechtliche Abmahnung aus. Der BVRS sah in der Dienstanweisung und der darauf aufbauenden Abmahnung Schillers strafbare Handlungen und argumentierte folgendermaßen: „Hätte sich Herr Martini an die Dienstanweisung gehalten, wäre dem Patienten sehr wahrscheinlich Schaden entstanden. Herr Dr. Schiller hat demnach Herrn Martini zu bestimmen versucht ein Verbrechen zu begehen (§ 212, 30 StGB).“ (BVRS 1984) Zwar sprach das Gericht Dr. Schiller frei, doch darum ging es dem BVRS mit seiner Anzeige gar nicht. Vielmehr wollte er Aufmerksamkeit erregen und den Blick auf das fragwürdige System lenken. Der hier zur Anzeige gebrachte Konflikt trieb die Frage nach den Kompetenzen von Rettungssanitätern auf die Spitze. Sollten Sanitäter eigenständig Intubationen durchführen, Injektionen vornehmen und Infusionen anlegen dürfen – war die Frage, um die sich alles drehte.

Im Jahr 1983 legte der BVRS einen eigenen Entwurf für ein Berufsbild vor, welches von einer qualitativ hochwertigen Ausbildung geprägt war und dem Rettungssanitäter auch die Übernahme heilkundlicher Maßnahmen zugestehen sollte. Sowohl von den Ärzteverbänden als auch von der Politik wurde das jedoch problematisch gesehen. So heißt es in einem internen Vermerk vor der Sitzung der Arbeitsgruppe „Rettungssanitäter“ des Bund-/Länderausschusses „Rettungswesen“ am 27. Januar 1984 in Mainz: „Bedenken bestanden bei Herrn UAL [Unterabteilungsleiter, P.P.] 31 ferner dahingehend, daß je besser die Ausbildung des Personals im Rettungsdienst desto niedriger die ‚Hemmschwelle‘ bei diesem Personenkreis, im Zweifelsfalle die Ankunft des Notarztes abzuwarten, also Gefahr, daß im ‚Bewußtsein einer qualifizierten Ausbildung‘ Handlungen vorgenommen werden, die dem Arzt vorbehalten bleiben sollten.“ (ohne Autor 1984)

Im Jahr 1989 wurde nach über zwanzig Jahren teils heftiger Diskussionen über die Entwicklung des Berufs Rettungssanitäter ein bundesweites Berufsgesetz verabschiedet und damit letztendlich ein neuer Beruf geschaffen. Das „Gesetz über den Beruf der Rettungsassistentin und des Rettungsassistenten“ schützte nicht die Berufsausübung an sich, sondern das Tragen der Berufsbezeichnung „Rettungsassistent“. Dazu musste man 18 Jahre alt sein, einen Hauptschulabschluss oder eine abgeschlossene Berufsausbildung vorweisen und gesundheitlich geeignet sein. Dann konnte man eine zweijährige Ausbildung absolvieren, die 1200 h theoretischen Unterricht und eine Praxisphase von 1600 h auf einer Lehrrettungswache umfasste. Um dem Element des Ehrenamtes weiterhin Rechnung zu tragen, behielt man die 520-h Ausbildung zusätzlich bei. Rettungssanitäter erhielten die Möglichkeit, durch Nachweis eine Mindeststundenzahl von 2000 im Rettungsdienst sich zum Rettungsassistenten „umschreiben“ zu lassen. Dadurch ergab sich jedoch eine Differenzierung und zunehmende Hierarchisierung innerhalb des nichtärztlichen Rettungsdienstpersonals zugunsten der hauptberuflichen Rettungsassistenten.

4 Das Notfallsanitätergesetz

4.1 Fragen nach neuen Berechtigungen

Das RettAssG definierte des Rettungsassistenten als „Helfer des Arztes" und trug damit der Verschiebung der Hauptaufgaben vom Transport zur medizinischen Erstbehandlung Rechnung. „Insbesondere wurde durch die prominente Nennung der Durchführung der lebensrettenden Sofortmaßnahmen die Bedeutung des Rettungsassistenten im Unfall- und Rettungsdienst hervorgehoben." (Pfütsch 2018, S. 375) Doch dadurch ergaben sich auch neue Konflikte, insbesondere mit der Ärzteschaft. Denn nun rückte zunehmend die Frage nach den Kompetenzen der Rettungsassistenten weiter in den Mittelpunkt. Die Ärzteschaft hatte jahrelang gefordert, dass das nichtärztliche Rettungsdienstpersonal gut ausgebildet sein sollte, doch nun war anscheinend eine Grenze erreicht. Denn hier ging es um die Ausübung der Heilkunde und damit um den Kernpunkt ärztlichen Handelns schlechthin. Seit dem Heilpraktikergesetz aus dem Jahr 1939 ist die Ausübung der Heilkunde nur Ärzten und Heilpraktikern erlaubt. Dieses Recht trug maßgeblich zur Verfestigung der Vormachtstellung der Ärzteschaft auf dem Gebiet der Heilkunde in der Bundesrepublik bei und wird seitdem erfolgreich verteidigt. Nicht ohne Grund hatte die Ärzteschaft bei der Verabschiedung des RettAssG auf die Berufsbezeichnung „Rettungsassistent" gedrängt und damit ihre eigene Stellung in Relation zu den nichtärztlichen Berufen deutlich hervorgehoben. Im Jahr 1994 etablierte sich, maßgeblich auf Betreiben der Bundesärztekammer, die neue Position des Ärztlichen Leiters Rettungsdienst (ÄLRD). Bis dahin wurde die ärztliche Kompetenz im Rettungsdienst nur über die Notärzte eingebracht. Durch den ÄLRD konnte die Ärzteschaft nun auch strukturell ihre Weisungsbefugnis gegenüber dem nichtärztlichen Personal durchsetzen (Brandt

P. Pfütsch, *Notfallsanitäter als neuer Beruf im Rettungsdienst*, essentials, https://doi.org/10.1007/978-3-658-30742-4_4

2001, S. 93). Dies bedeutete einen enormen Kompetenz- und Machtzuwachs. Durch das in einigen Gebieten in Deutschland praktizierte Rendezvous-System, d. h. nichtärztliches Rettungsdienstpersonal und Notarzt fahren getrennt zum Unfallort, kann es jedoch vorkommen, dass die Rettungssanitäter vor dem Notarzt eintreffen und zunächst auf sich allein gestellt sind. Und das kommt gar nicht so selten vor. Im Jahr 1982 waren 59 % der Notarztstandorte in der Bundesrepublik im Stationssystem organisiert. 13 Jahre später, 1995, hatte sich das bereits verschoben. Der Rettungsdienst in Deutschland war nun zu 73,2 % nach dem Rendezvous-System organisiert (Sefrin 2004, S. A220). Gegenwärtig hat sich das Rendezvous-System vollends durchgesetzt. 99,6 % des Notarztaufkommens werden im Rendezvous-System gefahren (Schmiedel 2019, S. 30). Es stellte sich nun die Frage: Was dürfen die Rettungsassistenten und was dürfen sie nicht? Hier entstand eine rechtliche Grauzone, die bis heute die Problematik prägt. Die Bundesärztekammer versuchte 1992 das Problem zu lösen, in dem sie gewisse Regeln für solche Fälle schuf. Die „Empfehlungen zur Notkompetenz“ sollten als Handlungsanleitung gelten, hatten jedoch keinen rechtsverbindlichen Charakter. Dort wurde zunächst definiert, was eigentlich ein „Notstand“ war und daran anschließend wurden die Tätigkeiten genannt, die die Rettungsassistenten im Notfall durchführen durften. Dazu gehörten die Intubation ohne Relaxantien, die Venenpunktion, die Verabreichung kristalloider Infusionen sowie ausgewählter Medikamente und die Frühdefibrillation (Bundesärztekammer 1992). Wichtig war hierbei aber, dass der Grundsatz der Verhältnismäßigkeit eingehalten wurde. Es durfte immer nur das am wenigsten eingreifende Mittel, welches zum Erfolg führt, verabreicht bzw. durchgeführt werden: „Ist beispielsweise eine Beatmung mit einem Beatmungsbeutel effektiv, ist eine Intubation mit ihren höheren Gefahren unzulässig, weil nicht mehr verhältnismäßig.“ (Bundesärztekammer 1992) Weiterhin nannten die Empfehlungen bestimmte Medikamente, die gegeben werden durften. Auch wenn diese Empfehlungen der BÄK eine wichtige Hilfe darstellten, blieb es dabei, dass das Handeln der Rettungsassistenten in einer rechtlichen Grauzone ablief und ihre Rechtmäßigkeit jedes Mal eine Einzelentscheidung darstellte. Seit 2003 wurden die Leitlinien von der BÄK auch nicht mehr aktualisiert. Die Notkompetenz-Regelung konnte nämlich das rechtliche Problem nicht lösen, dass gegen das Heilpraktikergesetz verstoßen wurde. Im Falle der Notkompetenz berief man sich mit einer juristischen Hilfskonstruktion auf den § 34 des Strafgesetzbuches zum rechtfertigenden Notstand:

> „Wer in einer gegenwärtigen, nicht anders abwendbaren Gefahr für Leben, Leib, Freiheit, Ehre, Eigentum oder ein anderes Rechtsgut eine Tat begeht, um die Gefahr von sich oder einem anderen abzuwenden, handelt nicht rechtswidrig, wenn bei

> Abwägung der widerstreitenden Interessen, namentlich der betroffenen Rechtsgüter und des Grades der ihnen drohenden Gefahren, das geschützte Interesse das beeinträchtigte wesentlich überwiegt. Dies gilt jedoch nur, soweit die Tat ein angemessenes Mittel ist, die Gefahr abzuwenden."

Die Formulierung dieses Artikels zeigt, wie eng die Grenzen des Notstandes gesetzt sind und es ist daher nicht verwunderlich, dass die rechtliche Problematik nicht nur zur Verunsicherung, sondern auch zur Demotivation von vielen Rettungsassistenten beigetragen hat (Walter 2013).

Im Jahr 2005 startete der DRK Rettungsdienst Mittelhessen das „Projekt Kompentenzentwicklung", welches dazu dienen sollte, Rettungsassistenten zur erweiterten Notfalltherapie anzulernen (Kill et al. 2017). Das Projekt wurde in enger Zusammenarbeit mit Notärzten entwickelt. Rettungsassistenten wurden u. a. in der Gabe von schmerzstillenden Medikamenten, wie Morphin, ausgebildet. Das Projekt umfasste eine Schulung, ein Training und ein dreitätiges Anästhesiepraktikum. Nach Rücksprache mit einem Notarzt über Funk durften die teilnehmenden Rettungsassistenten nun schmerzstillende Medikamente verabreichen. Die Evaluation des Projektes war äußerst erfolgreich. Bei über 1000 Einsätzen musste nur in 13 % der Fälle ein Notarzt nachalarmiert werden (DRK Rettungsdienst Mittelhessen gemeinnützige GmbH 2015, S. 4). Sowohl das DRK als auch der Chef der Zentralen Notaufnahme am Universitätsklinikum Marburg äußerten sich sehr zufrieden mit der Entwicklung des Projektes (Nößler 2012). Hier zeigen sich deutliche Parallelen zur Vergangenheit. Lokale Initiativen setzen das um, was auf der Bundesebene noch diskutiert wurde.

4.2 Der neue Beruf des Notfallsanitäters

Daneben gab es aber noch weitere Faktoren, die das RettAssG zunehmend nicht mehr zeitgemäß erscheinen und Kritik aufkommen ließen. Die Entwicklungen in der Medizin schritten weiter unaufhaltsam voran. Die Behandlungsmöglichkeiten wurden vielfältiger und komplexer und auch die Medizintechnik wurde diffiziler und damit schwieriger in der Handhabung. Außerdem hatte auch der demografische Wandel Auswirkungen auf den Beruf. Die Menschen werden immer älter und gerade die Patienten im hohen Alter sind oftmals von Multimorbidität geprägt (Girrbach et al. 2017, S. 45). Dadurch muss bei der Behandlung viel mehr beachtet werden als bei jüngeren Patienten. Behandlungsfehler können hier auch weit schwerwiegendere Konsequenzen haben. Hinzu kam der vieldiskutierte

Ärztemangel, der auch in der Notfallmedizin spürbar wurde und Analysen zufolge sich in der Zukunft noch verschärfen würde (Nößler 2012).

Die Diskussionen um eine Novellierung des RettAssG glichen denen aus den 1970er und 1980er Jahren. So mahnte 1999 Friedhelm Bartels, der damalige Bundesarzt des ASB:

> „Die Berufsgruppen und Verbände müssen, anders als es uns zur Zeit die Interessenvertreter im Rahmen der neuen Gesundheitsreform sehr polarisierend und sehr negativ vorexerzieren, für die Sache selbst und für einen kompromißfähigen Weg einer optimierten Patientenversorgung streiten. Das Beharren auf Maximalpositionen und das Führen von ‚Ständekriegen' haben in der Regel immer denen am meisten geschadet, die in der öffentlichen Diskussion als Objekt des Streites mißbraucht werden: die Patienten." (Bartels 1999, S. 51)

Daher schlug er vor:

> „Fehler, die in der Vergangenheit von allen Gruppen gemacht wurden, sollten im jetzt beginnenden Diskussionsprozeß nur dazu verwendet werden, um aus ihnen klug zu werden und um es für die Zukunft besser zu machen. Stoppen wir Grabenkriege, agieren wir pragmatisch und beginnen das neue Millennium als Team zum Wohl der uns anvertrauten und auf rasche Hilfe bedachten Menschen." (Bartels 1999, S. 51)

Genau diese Teamarbeit war es aber, die neu ausgehandelt werden musste.

Eine erste Expertengruppe tagte bereits 2008 dazu (Gerst 2013, S. A-123). Klar war, dass die Bezeichnung des „Assistenten" wieder aufgegeben werden sollte, da sie sich in der Bevölkerung nicht durchsetzen konnte. Der Rettungsassistent wurde oftmals als Assistent des Rettungssanitäters gesehen, obwohl er der besser qualifizierte Beruf war (Burgkhardt 2012, S. 425; Gerst 2013, S. A-123). Treibende Kraft hinter der Gesetzesinitiative, die von Politikern aller Fraktionen unterstützt wurde, war der FDP-Politiker Jens Ackermann, der selbst ausgebildeter Rettungsassistent ist (Nößler 2012). Ziel der Gesetzesnovellierung war es, den neuen Entwicklungen Rechnung zu tragen und mehr rechtliche Klarheit zu schaffen. Daher wurde als ein Ausbildungsziel das „eigenständige Durchführen von heilkundlichen Maßnahmen, die vom Ärztlichen Leiter Rettungsdienst oder entsprechend verantwortlichen Ärztinnen oder Ärzten bei bestimmten notfallmedizinischen Zustandsbildern und -situationen standardmäßig vorgegeben, überprüft und verantwortet werden" festgeschrieben. D. h. die Notfallsanitäter sollen gewisse heilkundliche Maßnahmen erlernen und auch anwenden, sofern diese von der Ärzteschaft freigegeben werden. Die Verantwortung liegt damit weiterhin beim Arzt. Diese sogenannten 2c-Maßnahmen sind auch aktuell noch Gegenstand der Diskussion. Um diese Kompetenzerweiterung zu rechtfertigen, wurde die Ausbildungsdauer von zwei auf drei Jahre verlängert und die Zugangsvoraussetzung vom Haupt- zum Realschulabschluss erhöht. Nach Bekanntwerden des Gesetzesentwurfes hagelte es Kritik insbesondere vonseiten der Ärzteverbände. Neben den 2c-Maßnahmen erregte der § 4 Absatz 1c die Gemüter: „Durchführen medizinischer Maßnahmen der Erstversorgung bei Patientinnen und Patienten im Notfalleinsatz und dabei Anwenden von in der Ausbildung erlernten und beherrschten, auch invasiven Maßnahmen, um einer Verschlechterung der Situation der Patientinnen und Patienten bis zum Eintreffen der Notärztin oder des Notarztes oder dem Beginn einer weiteren ärztlichen Versorgung vorzubeugen, wenn ein lebensgefährlicher Zustand vorliegt oder wesentliche Folgeschäden zu erwarten sind[.]" Einzelne Interessensverbände wollten diesen Absatz ganz streichen (Nößler 2012). Trotz der Kritik wurde der Absatz aber im Gesetz belassen. Neben der Übernahme bestimmter heilkundlicher Maßnahmen durch nichtärztliches Personal wurde auch hinterfragt, dass nun die Notfallsanitäter für die Alarmierung der Notärzte zuständig sind. In einem Interview sagte Martin Wesser, damaliger Präsident der Landesärztekammer Thüringen und Vorsitzender des Ausschusses Notfall-/Katastrophenmedizin und Sanitätswesen der BÄK:

> „Natürlich ist es zu begrüßen, wenn der Notfallsanitäter für den begrenzten Überbrückungszeitraum bis zum Eintreffen des Notarztes eine durch die längere Ausbildungszeit deutlich verbesserte Kompetenz hat. Wenn es aber im dem Gesetzentwurf heißt, ‚bis zum Eintreffen des Notarztes oder bis zum Beginn einer weiteren ärztlichen Versorgung', sehen wir die Gefahr, dass ärztliche Tätigkeit substituiert werden soll. Diese Formulierung sollte so nicht stehen bleiben, denn die Indikation zum Notarzteinsatz sollte nicht von dem Notfallsanitäter gestellt werden, sondern in der Leitstelle, so wie es heute gemacht wird. Abzulehnen ist, dass der Notfallsanitäter entscheidet, ob er selbst die Behandlung oder Betreuung des Notfallpatienten bis zur Übergabe an ein Krankenhaus übernimmt." (Gerst 2013, S. A-123)

Darüber hinaus vertraten die Ärzteverbände die Meinung, dass sich, trotz gegenteiliger Angaben der Politik, durch die Einführung des NotSanG kein Geld sparen lasse. Sanitäter könnten die Folgen ihres Handelns nicht abschätzen und Komplikationen beherrschen, so Vertreter der BÄK (Fricke 2013). Sie argumentierten, dass später notwendige Folgebehandlungskosten sogar teurer wären. Außerdem befürchteten sie, dass mit der Kompetenzerweiterung für die Notfallsanitäter dem Einstieg in ein notarztfreies Rettungsdienstsystem Vorschub geleistet würde (Gerst 2012, S. A-2060). Damit im Zusammenhang steht auch, dass die Aufwertung des nichtärztlichen Personals zwangsläufig zu einem Absinken des Qualitätsniveaus des Rettungsdienstes führen müsse. Vonseiten der Ärzteschaft wurde das immer wieder mit einem Vergleich der Ausbildungen unterfüttert. Notärzte müssen nach dem erfolgreichen Medizinstudium und der Approbation noch eine zweijährige Zusatzweiterbildung „Notfallmedizin" absolvieren. Dies sei mit einer dreijährigen Ausbildung nicht vergleichbar (Fricke 2013).

Trotz aller Kritik trat das NotSanG im Jahr 2014 mit nur leichten Modifikationen in Kraft.

Aktuelle Debatten und Überlegungen für die Zukunft

5

Eigentlich müsste man meinen, dass mit der Verabschiedung des NotSanG 2014 die Probleme im Rettungsdienst weitestgehend behoben worden sind. Jedoch zeigt sich auf der Ebene der praktischen Umsetzung, dass der Konflikt um die Kompetenzen der nichtärztlichen Rettungsdienstmitarbeiter weiterhin schwelt. Viele Ärztliche Leiter Rettungsdienst (ÄLRD) verweigern die Verantwortungsübernahme für die Notfallsanitäter und untersagen damit, dass die Notfallsanitäter die Aufgaben ausüben dürfen, die sie in der Ausbildung erlernt haben. Aber auch hier gibt es keine Einheitlichkeit, denn jeder ÄLRD entscheidet das für seinen Zuständigkeitsbereich individuell. An Kreisgrenzen kann es also vorkommen, wenn Notfallsanitäter aus unterschiedlichen Rettungskreisen ankommen, dass die einen bspw. Intubieren dürfen, die anderen aber nicht. Aufgrund unseres föderalen Systems wird dieses Problem nur zu lösen sein, wenn vom „Bundesverband Ärztlicher Leiter Rettungsdienst" einheitliche Richtlinien erlassen werden. Ein erster Schritt dazu wurde in Bayern unternommen. Hier einigten sich die Ärztlichen Leiter Rettungsdienst Bayern (ÄLRD-B) darauf, dass Notfallsanitäter ohne vorherige ärztliche Anweisung Zugänge legen, Vollelektrolytlösungen anschließen sowie bestimmte Mengen Schmerzmittel und Glukoselösungen als Kurzinfusion geben dürfen. Diese Maßnahmen sind aber an bestimmte Indikationen gebunden (Beerheide und Fischer-Fels 2019, S. A2326).

Was aber sind die Gründe für das meist abwehrende Verhalten der Ärzteschaft? Von ihrer Seite wird angeführt, dass die Ausübung der Heilkunde eine originär ärztliche Aufgabe ist und von keiner anderen Berufsgruppe ausgeführt werden darf. Damit sind aber zeitgleich auch Fragen nach Macht und Status verknüpft. Seit 1939 besteht für die Ausübung der Heilkunde für Ärzte und Heilpraktiker ein Tätigkeitsschutz, wie ihn nur wenige andere Berufe kennen. Dieser ist einer der Grundlagen für das hohe Ansehen der Ärzte innerhalb der

P. Pfütsch, *Notfallsanitäter als neuer Beruf im Rettungsdienst*, essentials, https://doi.org/10.1007/978-3-658-30742-4_5

Gesellschaft (Pfütsch 2019b, S. 11). Darüber hinaus hat sich die Ärzteschaft erst in den 1960er Jahren den Rettungsdienst als Einflussbereich angeeignet und will ihn nicht verlorengeben. Daher blockte die Ärzteschaft auch regelmäßig aufkommende Diskussionen über die Adaption des US-amerikanischen Modells ab. Dort führen nämlich gut ausgebildete Paramedics Rettungseinsätze gänzlich ohne ärztliche Beteiligung durch.

Es lässt sich feststellen, dass durch die Verabschiedung des NotSanG das grundsätzliche Problem der Rechtsunsicherheit des nichtärztlichen Rettungsdienstpersonals nicht gelöst werden konnte. Noch immer muss man sich auf § 34 StGB und damit auf den rechtfertigenden Notstand berufen. Gegenwärtig gibt es aus der Politik wieder verschiedene Versuche, dem zu begegnen. Die Koalitionsfraktionen aus CDU/CSU und SPD haben einen gemeinsamen Änderungsantrag zum Notfallsanitätergesetz vorgelegt. Dabei orientierten sie sich weiterhin am Verständnis von Delegation ärztlicher Leistungen. Im Antrag wird „ausdrücklich auf die Möglichkeiten moderner Kommunikationsmittel verwiesen. Sprich: Die Delegation soll auf telemedizinischem Weg erfolgen können." (Fricke und Hommel 2019) Konkret sollten „Notfallsanitäter im Rahmen von standardisierten Vorgaben (SOP's) heilkundliche Maßnahmen auf Anordnung eines Arztes vornehmen dürfen." (Maybaum 2019) Jedoch zogen beide Fraktionen den Entwurf wieder zurück, weil sich nach Gesprächen Zweifel einstellten, ob dieser Änderungsantrag wirklich etwas an der rechtlichen Situation geändert hätte. Im Zuge dessen wurde nun von der zuständigen Berichterstatterin der CDU/CSU im Bundestag, Emmi Zeulner, ein Fachgespräch mit verschiedenen Experten angekündigt.

Eine zweite Initiative, die deutlich über die der Koalitionsfraktionen hinausgeht, wurde durch die Vertreter Bayerns in den Bundesrat eingebracht. In einem einstimmig gefassten Beschluss fordert der Bundesrat, „Notfallsanitäter in lebensbedrohlichen Situationen im Rahmen der von ihnen vermittelten Kompetenzen zur Ausübung heilkundlicher Tätigkeiten zu berechtigen." (Korzilius und Maybaum 2019, S. A-1995) Das Bayerische Rote Kreuz (BRK) begrüßt diese Änderungsinitiative, da sie endlich rechtliche Klarheit schaffe: „Der Bundesrat erweitere damit den Handlungsspielraum der Notfallsanitäter nicht über das geltende Maß hinaus und ersetze auch keine ärztliche Tätigkeit. Er beseitige vielmehr den formalen Verstoß gegen das Heilpraktikergesetz und damit die rechtliche Unsicherheit einer Einzelfallabwägung über den rechtfertigenden Notstand" (Korzilius und Maybaum 2019, S. A-1995), so eine Stellungnahme der BRK.

Mittlerweile sind sich auch nicht mehr die Ärzteverbände in dieser Frage uneingeschränkt einig. Die Deutsche Gesellschaft für Orthopädie und Unfallchirurgie, der Berufsverband der Deutschen Chirurgen und andere ärztliche Vereinigungen äußerten sich ablehnend gegenüber der Initiative des Bundesrates (Fricke und Hommel 2019). Auch die Deutsche Gesellschaft für Anästhesiologie und Intensivmedizin sieht momentan keinen Handlungsbedarf in dieser Frage. Anders jedoch die Deutsche Interdisziplinäre Vereinigung für Intensiv- und Notfallmedizin (DIVI): Sie unterstützt die Initiative des Bundesrates: „Die DIVI teilt ausdrücklich nicht die Sorge anderer Berufsverbände, die sich gegen die eigenständige Durchführung von invasiven Maßnahmen durch Notfallsanitäter in akuten Notfallsituationen im Sinne einer Übertragung heilkundlicher Aufgaben aussprechen" (Fricke und Hommel 2019), heißt es in einer Stellungnahme. Die Bundesärztekammer hätte sich mit kleinen Änderungen zumindest mit Vorstoß der Koalition im Bundestag anfreunden können (Maybaum 2019).

Die grundsätzliche Frage, die im Rettungsdienst momentan stellvertretend für viele nichtärztliche Berufsgruppen verhandelt wird, ist die nach den Umgang mit der Delegation bzw. Substitution ärztlicher Leistungen. Der Änderungsantrag von CDU/CSU verfolgte die Delegation, der Bundesratsbeschluss eher die Substitution. Die Frage nach Delegation oder Substitution ärztlicher Leistungen wird bereits seit einigen Jahren mit zunehmender Intensität diskutiert. Gründe dafür sind u. a. die fortschreitende moderne Medizin, die eine Vielzahl an diagnostischen und therapeutischen Möglichkeiten bietet, der bereits erwähnte und sich weiter zuspitzende Ärztemangel und auch die demografische Entwicklung, durch die bedingt es immer mehr alte und morbide Menschen gibt, die versorgt werden müssen (Halbe 2017, S. A-756). Auch von der Ärzteschaft selbst wird seit einiger Zeit hier Handlungsbedarf gesehen. Das lässt sich auch gut daran erkennen, dass es in den Diskussionen nicht mehr darum geht, ob ärztliche Leistungen überhaupt delegiert und substituiert werden sollen, sondern nur noch, ob ärztliche Tätigkeiten entweder delegiert oder substituiert werden sollen. Es zeichnet sich also eine allmähliche Verschiebung des Diskurses ab.

Worin liegt der Unterschied zwischen Delegation und Substitution? In beiden Modellen geht es grundsätzlich darum, ärztliche Tätigkeiten auf eine andere Berufsgruppe zu verlagern. Bei der Delegation wird die andere Berufsgruppe von den Ärzten angeleitet und überwacht. Der delegierende Arzt trägt die Verantwortung für das Handeln der Delegierten. „Die Entscheidungshoheit über die Durchführung der übertragenen Behandlungsmaßnahme – das ‚Ob' – verbleibt bei der Delegation beim Arzt, während die Durchführungsverantwortung – das „Wie" – auf den Delegationsempfänger übergeht." (Achterfeld 2014, S. 3) Die Substitution geht noch einen Schritt weiter. Die substituierte ärztliche Tätigkeit wird hier komplett von einer anderen Berufsgruppe übernommen und geht auch in deren Verantwortungsbereich über. „Damit obliegt dem Nichtmediziner im Rahmen der Substitution also nicht nur die Entscheidung über das ‚Wie', sondern auch die Entscheidungsprärogative über das ‚Ob' einer medizinischen Maßnahme." (Achterfeld 2014, S. 4) Dass unser Gesundheitssystem ohne Delegation nicht mehr funktioniert, haben zwischenzeitlich auch die Ärzteverbände erkannt und sind der Delegation gegenüber positiv eingestellt. Dies zeigen auch Erfahrungsberichte aus der Praxis. Der Präsident des Berufsverbandes der Deutschen Dermatologen Klaus Strömer meint bspw., dass heute der Betrieb einer dermatologischen Fachpraxis ohne Delegation an nichtärztliches Personal undenkbar sei (Gerst 2015, S. A-402).

Seit langem ist diese Frage mit medizinrechtlichen Problemen verknüpft, da das Gesetz diese Frage nicht explizit regelt. Grundlegend ist auch hier der Arztvorbehalt, der sich durch das Heilpraktikergesetz von 1939 ergibt. Demnach dürfen nur Ärzte und Heilpraktiker die Heilkunde ausüben. Und als Heilkunde versteht das Gesetz „jede berufs- oder gewerbsmäßig vorgenommene Tätigkeit zur Feststellung, Heilung oder Linderung von Krankheiten, Leiden oder Körperschäden bei Menschen[.]" Der Medizinjurist Jochen Taupitz meint zurecht, dass damit „so gut wie jede im Gesundheitswesen zu verortende Tätigkeit" (Gerst 2015, S. A-402) gemeint sein könnte.

Das Delegation aber grundsätzlich möglich ist, hat bereits das Reichsgericht 1932 anerkannt und wurde 1975 vom Bundesgerichtshof nochmals bestätigt (Halbe 2017, S. A-756). Daher wird seit Jahren unter allen Akteuren diskutiert, welche Tätigkeiten delegierbar bzw. substituierbar sind und welche keinesfalls. Je nach Interessenlage des Akteurs fällt die Meinung anders aus. So gibt es momentan noch keinen, von allen Parteien anerkannten, Katalog mit delegierbaren ärztlichen Tätigkeiten. Die Bundesärztekammer hat in ihrer grundlegenden Stellungnahme „Persönliche Leistungserbringung – Möglichkeiten und Grenzen der Delegation ärztlicher Leistungen" aus dem Jahr 2008 lediglich Beispiele wie technische Untersuchungen oder Blutentnahmen genannt (Bundesärztekammer 2008).

Die Substitution ärztlicher Leistungen wird von den Ärzteverbänden unisono abgelehnt. Die Ärzteschaft befürchtet einen Verlust ihrer Aufgabengebiete und damit auch ihres Einflusses. Auf der Mikroebene geht es aber auch um den möglichen Abbau von ärztlichen Arbeitsplätzen. Als Beispiel wird die Einführung des Berufes medizinischer Dokumentationsassistent 2012 genannt. Demnach wurden diese eingestellt, um die Ärzte zu entlasten. Viele Klinikleitungen haben aber danach die Zahl der Ärzte reduziert (Osterloh 2017, S. A-1106). Allerdings wird auch hier der Druck von Seiten der Politik größer. Josef Hecken, Vorsitzender des

Gemeinsamen Bundesausschusses (G-BA) wandte sich in einem Interview an die Ärzte: „Wir müssen uns vielmehr die Frage stellen, welche Aufgaben mit welcher Ausbildung haftungsrechtlich sauer substituiert werden können. Sonst werden wir die Versorgung in Zukunft nicht sicherstellen können[.]" (Korzilius und Osterloh 2018, S. A-470).

Ein Katalysator für die Diskussion dieser Frage wird zukünftig die zunehmende Akademisierung von Gesundheitsfachberufen sein. Das liegt in erster Linie daran, dass eine Akademisierung der nichtärztlichen Gesundheitsberufe den unterschiedlichen Grad der Ausbildung im Vergleich zur Ärzteschaft signifikant schmelzen lässt. Das führt wiederum dazu, dass auch das Selbstbewusstsein der nichtärztlichen Gesundheitsberufe in gewisser Hinsicht wächst und zuvor nicht hinterfragbare Gegebenheiten zunehmend nicht mehr einfach hingenommen und hinterfragt werden. Bis in die 1970er Jahre galten solche Berufe wie Rettungssanitäter, Physiotherapeuten, Logopäden oder auch Krankenpfleger als „Heilhilfsberufe", die den Ärzten allenfalls assistieren sollten und das ganz klar in von den Ärzten vorgegebenen Grenzen. Genau dieses Verständnis hat sich in vielen Gesundheitsberufen in den letzten Jahrzehnten aber gewandelt. In anderen europäischen Ländern ist dieser Prozess längst weiter vorangeschritten oder sogar bereits abgeschlossen. Unter den Ärzten ist die Akademisierung umstritten. Sie befürchten, dass die Akademisierungsbestrebungen vieler Berufsgruppen nur dem Selbstzweck dienen (Korzilius und Osterloh 2108, S. A-470). Auch das NotSanG sieht vor, dass in ersten Modellversuchen die Ausbildung von Notfallsanitätern an Fachhochschulen durchgeführt werden kann. Noch ist die Zahl der Studiengänge klein, doch der Trend ist erkennbar.

Fazit 6

Das Berufsbild des Notfallsanitäters hat, wenn man lange Linien betrachtet, in den letzten 50 Jahren eine rasante Entwicklung genommen. Zunächst nur eine ehrenamtliche Tätigkeit, die viele in Vollzeit arbeitende Männer (und einige Frauen) nach ihrer Arbeit und an den Wochenenden ausübten, ist der Notfallsanitäter heute ein in drei Jahren ausgebildeter Hauptberuf, der auch in der Ausübung invasiver Maßnahmen geschult wird. Doch bis dahin war es ein langer Weg. Nach zähem Ringen wurde 1977 die 520-h-Ausbildung eingeführt, auf die sich alle Beteiligten einigen konnten. Zwar war keine Partei richtig zufrieden damit, doch die Tatsache, dass diese Regelung bis heute Bestand hat, zeigt, wie schwierig das Aushandeln von Kompromissen war. Erst 1989 wurde mit der Verabschiedung des RettAssG ein eigenständiges Berufsbild für das hauptamtliche Personal im Rettungsdienst geschaffen. Zwar definierte dieses den Rettungsassistenten als „Helfer des Arztes", doch eine genaue Abgrenzung zu ärztlichen Tätigkeiten wurde nicht gezogen. Das in der Bundesrepublik sich durchsetzende Rendezvous-System ließ die Frage aufkommen, wie Rettungsassistenten handeln sollten, wenn kein Notarzt zur Stelle war. Die Bundesärztekammer erließ daraufhin Richtlinien zur Notkompetenz, die sich auf § 34 StGB und damit auf den „rechtfertigenden Notstand" stützten. Sie waren zwar eine gewisse Hilfe, konnten den Rettungsassistenten jedoch keinerlei Rechtssicherheit bieten. Durch die Verabschiedung des NotSanG im Jahr 2014 sollte dieser Umstand behoben werden, wurde er aber nicht. Zwar wurde den Notfallsanitätern vom Gesetzgeber die Durchführung bestimmter ärztlicher Aufgaben zugedacht, doch die Ärzteschaft verwehrte sich dagegen. Seitdem herrscht eine rege Diskussion über Möglichkeiten und Grenzen von Delegation und Substitution ärztlicher Tätigkeiten im Rettungsdienst.

P. Pfütsch, *Notfallsanitäter als neuer Beruf im Rettungsdienst*, essentials, https://doi.org/10.1007/978-3-658-30742-4_6

Wenn man sich die Frage nach der Delegation bzw. Substitution ärztlicher Leistungen in der Longue durée ansieht, zeichnet sich eine erkennbare Entwicklung ab, die auch in der Auseinandersetzung mit dem Rettungsdienst exemplarisch deutlich wird. Bis in die 1960er Jahre baut die Ärzteschaft ihre Vormachtstellung im Bereich der Medizin aus, d. h. der Prozess der Professionalisierung schritt bis dahin weiter voran. Zu diesem Zeitpunkt waren der Status und die Vormachtstellung weitgehend gesichert. Es setzten erste Diskussionen über die Delegation bestimmter Aufgaben ein. Das wurde aber von den Ärzten noch weitgehend abgelehnt. Eine zunehmende Verschiebung gesellschaftlicher und medizinischer Rahmenbedingungen führte dazu, dass es zu einer allmählichen Veränderung der Einstellung kam. An diesem Punkt befinden wir uns jetzt. Delegation wird überwiegend begrüßt, aber Substitution (noch) kategorisch abgelehnt. Doch gegenwärtig setzt eine immer stärker werdende Diskussion über Substitution ein und es wird nur eine Frage der Zeit sein, bis diese Diskussion immer kontroverser geführt wird und damit Substitution immer gängiger und auch normaler wird. „Letztendlich scheint es schwer, vorherzusagen, wohin die Reise gehen wird. [...] Durchaus vorstellbar ist, dass Versorgungsformen, die heute noch auf strikte Ablehnung stoßen, unter gänzlich veränderten Bedingungen sich bald schon als einzig praktikable Alternative erweisen." (Gerst 2015, S. A-402) Das deutet sich auch bei der Betrachtung einer Umfrage an, die der Hartmannbund 2014 unter über 1000 Ärztinnen und Ärzten durchführte. Insbesondere die jüngeren Berufsvertreter stehen den Themen Delegation und Substitution aufgeschlossen gegenüber: „82 Prozent dieser Altersgruppe können sich unter bestimmten Umständen auch die Abgabe von klar definierten und bisher dem Arzt vorbehaltenen Tätigkeiten vorstellen." (Protschka 2014, S. A-818) Diese Verschiebung ärztlicher Aufgaben- und Tätigkeitsbereiche wird in der Soziologie auch zunehmend unter dem Stichwort der Deprofessionalisierung geführt (Bollinger 2018). Am Beruf des Notfallsanitäters lassen sich die Veränderungen unseres Gesundheitssystems par excellence ablesen. Und mit der beginnenden Akademisierung der nichtärztlichen Gesundheitsberufe werden diese Fragen in den nächsten Jahren noch drängender werden.

Was Sie aus diesem *essential* mitnehmen können

- Die Entwicklung des Berufes Notfallsanitäter/Notfallsanitäterin hat in den letzten 50 Jahren eine rasante Entwicklung von einer ehrenamtlichen Tätigkeit zu einem komplexen Gesundheitsberuf genommen.
- In die Auseinandersetzungen sind verschiedene Akteure mit unterschiedlichsten Interessen eingebunden, sodass oftmals nur Kompromisslösungen, wie die 520-h-Ausbildung, umsetzbar sind.
- Erst 1989 konnte mit der Verabschiedung des Gesetzes über den Beruf der Rettungsassistentin und des Rettungsassistenten (Rettungsassistentengesetz – RettAssG) ein eigenständiges Berufsbild für nichtärztliches Personal im Rettungsdienst geschaffen werden.
- Die gegenwärtigen Diskussionen um die Durchführung ärztlicher Aufgaben durch Notfallsanitäter spiegeln die größeren Entwicklungen in unserem Gesundheitswesen um die Frage nach Delegation oder Substitution ärztlicher Leistungen wider.

P. Pfütsch, *Notfallsanitäter als neuer Beruf im Rettungsdienst,* essentials,
https://doi.org/10.1007/978-3-658-30742-4

Literatur

Achterfeld C (2014) Aufgabenverteilung im Gesundheitswesen. Rechtliche Rahmenbedingungen der Delegation ärztlicher Leistungen. Springer, Heidelberg

Bartels F (1999) Paramedic oder Notarzt – Mehr Kompetenzen für den Rettungsassistenten? Rettungsdienst 22:50–53

Beerheide R, Fischer-Fels J (2019) Rettungsdienst: Mehr Kompetenzen für bayerische Notfallsanitäter. Deutsches Ärztebl 109:A-2060

Berufsverband der Rettungssanitäter (1980) Resolution des 1. Bundeskongresses der Rettungssanitäter. BArch B189/35728

Berufsverband der Rettungssanitäter (1984) Schreiben des BVRS an die Staatsanwaltschaft beim Landgericht Stuttgart. DRK Archiv, Bestand BRD, 2705

Bollinger H (2018) Deprofessionalisierung des Ärztestandes revisited. In: Kadmon M, Klinke S (Hrsg) Ärztliche Tätigkeit im 21. Jahrhundert – Profession oder Dienstleistung. Springer, Heidelberg, S 85–102

Brandt M (2001) Der Ärztliche Leiter Rettungsdienst aus Sicht einer Hilfsorganisation. Chancen, Ängste Hoffnungen. Leben Retten 2001:93–95

Braunschmidt B (2019) Geschichte der Rettung. Die Entstehung des Hamburger Rettungsdienstes zu Wasser, zu Land und aus der Luft. GNT-Verlag, Berlin

Bundesärztekammer (1992) Stellungnahme der Bundesärztekammer zur Notkompetenz von Rettungsassistenten und zur Delegation ärztlicher Leistungen im Rettungsdienst

Bundesärztekammer (2008) Persönliche Leistungserbringung – Möglichkeiten und Grenzen der Delegation ärztlicher Leistungen

Burfeind M, Köhler N, Stommer R (2019) Der Arbeiter-Samariter-Bund und der Nationalsozialismus. Vom Verbot 1933 bis zur Wiedergründung nach dem Zweiten Weltkrieg. Links, Berlin

Burgkhardt M (2012) Notfallsanitäter – ein neuer Gesundheitsberuf. Sächsisches Ärztebl 23:424–427

Dahlkamp J, Ludwig U (1999) Eine ehrenwerte Gesellschaft. SPIEGEL 1999(20):52–53

DRK Rettungsdienst Mittelhessen gemeinnützige GmbH (2015) Vom Projekt zur Regelversorgung: Zehn Jahre schnelle Schmerzlinderung. Kreuz und Quer 44(2015):4–5

P. Pfütsch, *Notfallsanitäter als neuer Beruf im Rettungsdienst,* essentials,
https://doi.org/10.1007/978-3-658-30742-4

Fricke A (2013) Gefahr für die Notfallmedizin? Ärzte-Zeitung 31.03.2013. https://www.aerztezeitung.de/Politik/Gefahr-fuer-die-Notfallmedizin-268094.html. Zugegriffen: 8. Mai 2020

Fricke A, Hommel T (2019) Sanitäter-Kompetenzen lösen Disput unter Ärzten aus. Ärzte Zeitung 15.10.2019. https://www.aerztezeitung.de/Politik/Sanitaeter-Kompetenzen-loesen-Disput-unter-Aerzten-aus-402431.html. Zugegriffen: 8. Mai 2020

Gerst T (2012) Notfallsanitäter: Bundeskabinett billigt neuen Ausbildungsgang. Deutsches Ärztebl 109:A-2060

Gerst T (2013) Notfallsanitäter: Handeln bis der Arzt kommt. Deutsches Ärztebl 110:A-123

Gerst T (2015) Delegation und Substitution: Wer wann wo behandeln darf. Deutsches Ärztebl 112:A-402–A-403

Girrbach FF, Bernhard M, Wessel M, Gries A, Bercker S (2017) Die praktische Ausbildung von Notfallsanitätern. Umsetzung am Universitätsklinikum Leipzig. Anaesthesist 66:44–51

Güttler H (1978) Die Ausbildung von Rettungssanitätern. Erwartungen. Analysen und Empfehlungen. Leben Retten 1978:11–15

Hahn C (1994) Entwicklung des öffentlichen Rettungswesens in der Bundesrepublik Deutschland unter besonderer Berücksichtigung Schleswig-Holsteins. Mag.-Arb, Kiel

Halbe B (2017) Entlastung für Mediziner: Delegation – Chancen und Grenzen. Deutsches Ärztebl 114:A-756–A-757

Holzner C (2019) Notfallsanitäter Krankenwagenbelademeister Lied!! https://www.youtube.com/watch?v=rVcvgz_LXAI. Zugegriffen: 20. Apr. 2020

Jantzen T, Burgkhardt M, Burgkhardt A, Kampmann J (2008) Geschichte der Notfallmedizin im Osten Deutschlands. Notfall Rettungsmed 11:571–578

Kessel N (2008) Geschichte des Rettungsdienstes 1945–1990. Vom „Volk von Lebensrettern" zum Berufsbild „Rettungsassistent/in". Lang, Frankfurt a. M.

Kill I, Greb I, Wranze E, Hartmann H, Hündorf HP, Gliwitzky B, Wulf H (2007) Kompetenzentwicklung im Rettungsdienst. Ein Pilotprojekt zur erweiterten Notfalltherapie durch Rettungsassistenten. Notfall Rettungsmed 10:266–272

Korzilius H, Maybaum T (2019) Notfallsanitäter: Fachgespräch soll Klarheit bringen. Deutsches Ärztebl 116:A-1995–A-1996

Korzilius H, Osterloh F (2018) Akademische Berufsausbildung: Neue Aufgaben für Fachberufe. Deutsches Ärztebl 115:A-470–A-471

Lawin P, Opderbecke HW (1999) Die geschichtliche Entwicklung der Intensivmedizin in Deutschland. Zeitgenössische Betrachtungen. Anaesthesist 48:560–566

Maybaum T (2019) Notfallsanitäterreform kommt nicht wie geplant. Deutsches Ärztebl 22.10.2019, https://www.aerzteblatt.de/nachrichten/106861/Notfallsanitaeterreform-kommt-nicht-wie-geplant. Zugegriffen: 8. Mai 2020

Müller W (1988) Mit einem Unfall fing es an… Illustrierte Geschichte des Arbeiter-Samariter-Bundes. Wirtschaftsverlag, Wiesbaden

Nößler D (2012) Rettung für den Rettungsdienst. Ärzte-Zeitung 10.10.2012. https://www.aerztezeitung.de/Politik/Rettung-fuer-den-Rettungsdienst-265982.html. Zugegriffen: 8. Mai 2020

ohne Autor (1960) Internes Schreiben des Referats 1 B 2 an das Referat 1 B 7 vom 26. Juni 1960. BArch B189/13113

ohne Autor (1968) Vermerk über die 4. gesundheitspolitische Tagung des Landes Schleswig-Holstein,15. März 1968 in Kiel. BArch B189/13113

ohne Autor (1972) Schreiben des Referats HII 3 an das Referat HI 5 vom 17. Februar 1972 mit dem Betreff: Bezeichnung des Transportbegleitpersonals in Krankenkraftwagen. BArch B189/35737

ohne Autor (1974) Vorläufige Richtlinien über die Ausbildung und Prüfung von Rettungssanitätern im MHD. BArch, B 189/35726

ohne Autor (1984) Interner Vermerk über Besprechungen mit dem Unterabteilungsleiter 31 vom 21.02.1984. BArch B189/35729

Osterloh F (2017) Physician Assistant: Ärztetag billigt Delegationsmodell. Deutsches Ärzteblatt 114:A-1106–A-1107

Peter F (2019) Der Krankenwagenbelademeister // Notfallsanitäter. https://www.youtube.com/watch?v=qlFR6IXIVyQ. Zugegriffen: 20. Apr. 2020

Pfütsch P (2018) Rettungssanitäter – Rettungsassistenten – Notfallsanitäter: Ein Berufsbild im Wandel, 1949 bis 2015. In: Hähner-Rombach S, Pfütsch P (Hrsg) Entwicklungen in der Krankenpflege und in anderen Gesundheitsberufen nach 1945. Ein Lehr- und Studienbuch. Mabuse Verlag, Frankfurt a. M., S 350–382

Pfütsch P (2019a) Emergency Medical Services in Germany: The Conflictual Development of a Professional Field. In: Pfütsch P (Hrsg) Marketplace, power, prestige. The healthcare professions' struggle for recognition (19th–20th Century). Franz Steiner, Stuttgart, S 59–76

Pfütsch P (2019b) An Introduction to Conflict Research: Illustrative Applications with Healthcare Professions in the 19th and 20th Century. In: Pfütsch P (Hrsg) Marketplace, power, prestige. The healthcare professions' struggle for recognition (19th–20th Century). Franz Steiner, Stuttgart, S 7–17

Pfütsch P (2020) Der Krankentransporteur. Ein Beispiel staatlich gesteuerter Professionalisierung? In: Wahl M (Hrsg) Volkseigene Gesundheit. Reflexionen zur Sozialgeschichte des Gesundheitswesens der DDR. Franz Steiner, Stuttgart, S 157–173

Protschka J (2014) Umfrage: Delegation – chance und Risiko. Deutsches Ärztebl 111:A-818–A-819

Schmiedel R (2019) Analyse des Leistungsniveaus im Rettungsdienst für die Jahre 2016 und 2017. Schünemann, Bremen

Riesenberger D (2002) Das Deutsche Rote Kreuz. Eine Geschichte 1864–1990. Ferdinand Schöningh, Paderborn

Schröder R (1990): Frühdefibrillation durch ersteintreffende Rettungskräfte. Deutsches Ärztebl 87A-2219–A-2221

Sefrin P (2004) Geschichte der Notfallmedizin und des Notarztdienstes in Deutschland. Notfall & Hausarztmedizin 30:A 215–A 222

Shl (1984) Notfall-Defibrillation durch Rettungssanitäter. Deutsches Ärzteblatt 81:A-2430

Statistisches Bundesamt (2019) Verkehrsunfälle 2018. Statistisches Bundesamt, Wiesbaden

Unterkofler M (1982) Tätigkeitsmerkmale des Personals im Rettungsdienst (Rettungssanitäter). Leben Retten 1982:151–154

Wagner B (2013) Der Hamburger Rettungsdienst und seine Geschichte: 160 Jahre zwischen Behörde und Ehrenamt. Diplomica Verlag, Hamburg

Walter M (2013) Rettungsdienst: Überzogene Aussagen. Deutsches Ärztebl 110:A-1375